排他的でなく包摂的な平和の枠組みを

――アジア政党国際会議と日本共産党の活動

志位　和夫

目　次

表紙の写真＝トルコ・イスタンブールで開かれたアジア政党国際会議総会で発言する日本共産党の志位和夫委員長＝２０２２年11月18日、イスタンブール（鎌塚由美撮影）

アジア政党国際会議

排他的でなく包摂的な平和の枠組みを

志位委員長に聞く

「ブロック政治を回避し、競争より協力を」――。トルコ・イスタンブールで開かれたアジア政党国際会議（ＩＣＡＰＰ）第11回総会（２０２２年11月18、19日）でアジアの平和をきずく画期的な宣言が採択されました。総会に参加した日本共産党の志位和夫委員長に聞きました。インタビューは志位氏が現地滞在中の20日にオンラインで行いました。

インタビューにこたえる志位和夫委員長＝2022年11月20日、トルコ・イスタンブール

画期的宣言　日本共産党の提案反映
「平和の大道」発信に貢献

――ＩＣＡＰＰ総会の全体の特徴をお聞かせください。

私自身、ＩＣＡＰＰ総会の参加は6回目となりますが、これまでの総会の中でもたいへん重要な意義をもつ総会となりました。

今回の総会はロシアのウクライナ侵略が続き、アジアでもさまざまな紛争の火種があり、多くの人々が戦争の心配を抱えるなかで行われました。そうした中で開かれた総会でしたが、採択された「イスタンブール宣言」（本書26～31ページ参照）には、「平和、安全、安定」と題する章の冒頭にこういう一文が盛り込まれました。

「地域と世界の平和と安定に深刻な危険をもたらす紛争の暗雲が立ち込めている。われわれは、共通の課題には集団的な対応が必要であるから、ブロック政治を回避することの重要性を強調し、競争よりも協力を強調した」「紛争解決の唯一の道としての対話と交渉……を強調した」

ここに明記された「ブロック政治を回避する」という規定

は、とても大事な意義を持っています。

日本共産党は、どんな国であれ、覇権主義には厳しく反対を貫きます。同時に、ある国を排除してブロックをつくっていこうという動きに対しては、地域に分断をつくり、対立の悪循環をつくるとして反対してきました。とりわけ、ブロックが軍事でつくられると「軍事対軍事」の悪循環に陥ってしまいます。〝アジアの平和を構築するには、エクスクルーシブ（排他的）な対応ではなく、地域のすべての国を包み込むインクルーシブ（包摂的）な枠組みが大事だ〟と一貫して主張してきました。

それと同じ考え方が、「イスタンブール宣言」に据えられました。日本共産党が今回の総会に参加し要請してきた中心的内容が反映されたもので、とても喜んでいます。イスタンブールというアジアで一番西に位置する都市から、平和の大道を発信することに貢献できたと感じています。

ＩＣＡＰＰとは――アジアすべての政党に開かれたフォーラム

――そもそもＩＣＡＰＰはどんな会議でしょうか。

日本ではあまり報道されていませんが、アジアでは国際的に広く重要視されている会議です。

ＩＣＡＰＰは、２０００年のフィリピン・マニラの総会いらい、今回で11回目の総会となりますが、「平和、友好、調和、共栄の『アジア共同体』を」をビジョンに掲げ、イデオロギーの違いを超え、与野党の違いを超え、アジアのすべての合法政党に開かれたフォーラムとして発展してきました。たいへんにユニークな性格を持つ国際会議ですが、ここまで本格的に根付き発展しているのはアジアだけです。今回は、30カ国1地域から69の政党が参加しました。

わが党は3段階にわけて必要な発言を行った

①宣言案への提案――コンセンサスを重視

――今回の総会に、日本共産党はどう臨んだのですか。

ＩＣＡＰＰの性格・ルールをふまえて活動しました。一つは、この会議で採択される宣言は、多数決でなくコンセンサス（全会一致）を原則としていることです。もう一つは、総会の討論についても、各国間の紛争や論争を激化させず、ともに解決方法を見いだしていく姿勢を貫くということがルールとして確認されていることです。

これらを念頭に、会議に臨みました。今回、日本共産党はＩＣＡＰＰに対して三つの文書（発言）を提起しました。

一つは、ＩＣＡＰＰ事務局に提出した「総会宣言案への日本共産党代表団の提案」です（本書15、24ページ参照）。ここでは三つの点を提案しました。

第一は、ウクライナ問題です。ＩＣＡＰＰの性格をふまえ、ロシアの侵略を正面から非難する文言は入れませんでした。最初からその文言が入っていれば総会のコンセンサスには決してならないからです。

私たちが提案したのは、国連総会の緊急会合（10月12日）で、１４３の圧倒的多数の国が賛成して採択された決議の一部の内容です。「ウクライナの主権と領土保全を尊重しつつ、政治的対話などによる平和的解決をはかることを要請する」というものです。ＩＣＡＰＰとしても、この内容なら合意が可能だと考え、提案したものです。

第二は、アジアの平和構築の問題です。ここで提起したのは、日本共産党が東アジアに平和を構築する「外交ビジョン」として一貫して訴えてきたこと――ＡＳＥＡＮ（東南アジア諸国連合）と協力して、東アジアのすべての国を包摂する平和の枠組みをつくっていこうということです、この方向ならば、参加政党の合意が可能だろうと考えました。

第三は、核兵器の問題です。「核兵器の使用は絶対に回避されるべきだ」と表明しようということ。さらに「核兵器のない世界」の実現の決意を発信しようということです。これは、ＩＣＡＰＰの総会では09年のアスタナ（カザフスタン）、14年のコロンボ（スリランカ）、10年のプノンペン（カンボジア）と繰り返し確認されてきたことです。この確認をふまえて、今回の宣言案にも明記しようと提起しました。

トルコ・イスタンブールで開かれたICAPP総会で発言する日本共産党の志位和夫委員長＝2022年11月18日、イスタンブール（鎌塚由美撮影）

日本共産党代表団
団長＝志位和夫委員長、団員＝緒方靖夫副委員長・国際委員会責任者、小林俊哉国際委員会事務局次長、鎌塚由美国際委員会委員

②総会スピーチ――提案の中心的内容を参加者に伝える努力

二つ目は、私の総会でのスピーチです（本書16～19ページ参照）。「1人5分」という時間制限があり、いま述べた三つの点にポイントを絞って、私たちの提案の中心的内容を参加者に伝えるために努力しました。英語で発言しました。

一つ目のウクライナ問題では、ＩＣＡＰＰの性格を考慮しつつ、10月12日の国連総会緊急会合で決議されたロシア軍の即時撤退、対話と交渉による平和的解決などの内容を引用しつつ、「国連憲章の擁護、対話と交渉による平和的解決の声を、国際社会に発信しよう」と呼びかけました。

二つ目に「いかにして戦争の心配のないアジアをつくるか」という問いをたて、わが党の「外交ビジョン」を訴えました。ここでとくに強調したのは、「あれこれの国を排除して包囲するというエクスクルーシブ（排他的）な枠組みではなく、地域のすべての国を包み込むインクルーシブ（包摂的）な平和の枠組みをつくる」ことこそが重要だということでした。

三つ目に核兵器の問題では〝核兵器のない世界」の実現を世界に呼びかけ続けてきたICAPPの努力が核兵器禁止条約に実った。それを互いに喜びあい、「核兵器のない世界」に進もう〟と訴えました。

③公式文書発言――党がいうべきことはすべてのべた

ICAPPに提起した三つ目は、公式文書による発言です（本書20～23ページ参照）。ICAPP事務局にわが党の公式見解として届けるもので、〝提案で提起した内容にかかわって党としていうべきことはすべてのべる〟という考え方で作成しました。

たとえば、ウクライナ問題では、「ロシアの行動は国連憲章や国際人道法に違反した侵略であり、戦争犯罪である」などの厳しい批判を、ここでは全面的に書いています。

このように今回の総会では、わが党としていうべきことを、①総会宣言案への提案②総会スピーチ③公式文書発言――の3段階に分けて行ったわけです。主張は一貫したものですが、ICAPPの性格・ルールを考慮して、こうした対応を行ったわけです。

総会でのスピーチにあたたかい反応が

優先的な〝特別枠〟の早い順番で扱われた

――なるほど。総会でコンセンサスが得られるよう細心の工夫で臨まれたんですね。総会でのスピーチの反応はどうでしたか。

とても温かい反応が得られました。私の発言は、全体で四つあったセッションのなかで、第1セッションの2番目でした。これまでも何度もICAPP総会で発言してきましたが、これほどスピーチが早い順番になったのは初めてです。1番目がイランの与党、2番目が日本共産党、3番目が統一ロシア（プーチン大統領の与党）の順でした。

発言者のリストを見ると、この3党は〝特別枠〟として、優先的に発言させるという枠となっていました。理由は聞いていませんが、長年ICAPPに私が参加し続けてきたということも影響しているかもしれません。最初のスピーチですから、会場も参加者がいっぱいで、集中して聞いてくれます。反応もたいへん強く感じられました。

「私たちのマインドにしっかり届く平和のスピーチだった」と

総会の議長がコメント

私のスピーチの感想をまずのべたのは、宣言起草委員長を務めたムシャヒド・フセイン・サイードさん（パキスタン出身）です。サイードさんは、かつて私がパキスタンを訪問したさい（２００６年）、ステート・ゲスト（国賓）として迎え入れるうえで重要な役割を果たしてくれた旧友です。総会の議長を務めていたサイードさんは、私のスピーチが終わった直後に、「ミスター志位は、戦争の心配のないアジアのビジョンを語ってくれました。感謝します」と議長として参加者にアナウンスしてくれました。私の主張の一番の中心点をくみとってくれたうれしい反応でした。

ICAPP総会閉会を受けて、あいさつを交わす志位委員長（右から2人目）と鄭義溶議長（その左）、ムシャヒド・フセイン・サイード宣言起草委員長（左端）、エフカン・アラー・トルコ公正発展党副議長（右端）＝2022年11月19日、イスタンブール（鎌塚由美撮影）

バングラデシュ・アワミ連盟代表

バングラデシュの与党でアワミ連盟の代表は、「核兵器廃絶はわれわれ共通の願いです。『アジアで戦争を絶対に起こしてはいけない、アジアを平和に』というアピールが響くスピーチでした。ヨーロッパでの戦争が継続しているだけにその切実さが響きました」という感想を語ってくれました。

ＩＣＡＰＰ委員タイ代表が歓迎

ＩＣＡＰＰの常設委員でタイの代表は、「ＡＳＥＡＮの活動を高く評価していただいたスピーチを歓迎します。われわれの仕事によく精通されていると感じました」という反応を寄せてくれました。

イラクのクルド民主党の代表

イラクのクルド民主党の代表は、「われわれは戦争の近くにあるので、戦争の心配のない平和なアジアの訴えは、とても貴重で心に響く」と感想を寄せてくれました。この方は、次の日に懇談したさいに、「日本共産党のことをいろいろ調べて、自主性の強い、他の共産党にはない性格を持っていることを理解しました。そのことを理解した後で、スピーチを反すうすると、委員長が精魂込めて練り上げたスピーチだったことがわかってきました。私たちのマインドにしっかり届く平和のスピーチでした。核兵器廃絶の訴えは、われわれが化学兵器の使用で苦しんでいるもとで、大事なアピールでした」と感想を語ってくれました。

いずれも私のスピーチの中心点を深く受け止めてもらった、たいへん心強い感想です。

エネルギー、食料、気候危機でも真剣な討論

――総会での他の政党の発言にはどんな特徴があったのですか。

一言でいうと、極めて真剣で多面的な討論が続きました。テーマとしては平和の問題とともに、エネルギーと食料の価格高騰の問題、気候危機にかかわる発言も多くありました。

気候危機が文字通り生存を脅かしているモルディブからは環境大臣、財務大臣、外務副大臣がそろって来ており、私も懇談しましたが、とりわけ環境問題を熱心に訴えていました。またパンデミック（感染爆発）の問題でも多くの発言があり、〝人類が次のパンデミックにどう対処するかも含め、国際社会として真剣に対応する必要がある〟という発言が印象的でした。

多面的で充実した討論をへて、その全体が画期的な「イスタンブール宣言」に実ったといえます。

歴史的意義をもった「イスタンブール宣言」

――宣言の意義を詳しくお話しください。

率直にいって、私たちの期待を超える「宣言案」が出てきたと感じました。それは、日本共産党が文書やスピーチで行った主張の一番の中心点が反映されたものになったと思います。

ブロックを回避、競争より協力を

まず何よりも、「ブロック政治を回避し、競争よりも協力を重視する」「対話と交渉こそが紛争解決の唯一の道」という大命題が、世界とアジアの平和をどうつくるかの基本姿勢にズバリと明記されました。ここが宣言の核心的な内容であり、私たちの提案の内容が明確に反映されたものになりました。これは歴史的意義がある宣言となったと言ってよいと思います。

ウクライナ問題については、ロシアに対する名指しの批判は

ＩＣＡＰＰの性格上できませんが、「ウクライナで進行中の軍事紛争、特にその膨大な人道的破局の可能性のある軍事紛争に重大な懸念」を表明し、「国際法および国連憲章を守りながら、相違点を平和的に解決する外交努力を促す」と明記しています。この点も私たちの提案の基本点が組み入れられています。

核めぐる言動の激化懸念を明記

核兵器の問題では、「核をめぐる言動の激化を懸念」すると明記されました。明示こそされていませんが、これはプーチン大統領の核兵器使用の威嚇《いかく》を指したものと思います。「核兵器の使用は絶対に回避されるべき」だという私たちの提案とのかかわりでも、核使用の威嚇に対する批判が宣言に盛り込まれたことは重要です。

ここで残念だったのは、「核兵器のない世界」という文言が宣言に入らなかったことです。実は、今回、日本共産党代表団は、宣言起草委員会に入っているベトナム共産党代表団と現地で会談し、その会談での合意にもとづいて、両党の共同の要求として「核兵器のない世界」の実現を宣言に書き込むよう、文書および口頭で起草委員会で提案したのですが、残念ながら実現にはいたりませんでした。

とはいえ、宣言には、その冒頭に、「過去のＩＣＡＰＰ総会で採択した宣言を順守することを再確認する」という一文が入っています。この一文は、２００６年にソウルで開かれたＩＣＡＰＰ総会のさいに、わが党代表団の提案で明記された一文だったのですが、それ以降の総会で、

トルコ・イスタンブールで開かれたICAPP総会で発言する日本共産党の志位和夫委員長＝2022年11月18日（鎌塚由美撮影）

ICAPP第11回総会の会場でトルコの与党・公正発展党のザフェル・スラカヤ国際部副委員長（右端）と懇談する日本共産党の志位和夫委員長（左から2人目）、緒方靖夫副委員長（その右）、小林俊哉国際委員会事務局次長（左端）＝2022年11月18日、イスタンブール（鎌塚由美撮影）

過去の総会の宣言の順守という一文はずっと盛り込まれてきています。

「核兵器のない世界」は、これまで何度もＩＣＡＰＰ総会で確認されてきた重要事項であることは事実であって、今回の総会でもその内容が「再確認」されたと言ってよいのではないかと考えています。

ＡＳＥＡＮと協力し平和を

さらに、私たちは、ＡＳＥＡＮと協力して東アジアに平和を創出する枠組みをつくっていくことを提案したわけですが、これについては、宣言のなかに、「地域のさまざまな種類の集団的な枠組みの強化」「地域協力のイニシアチブを結びつける」ことが強調され、その冒頭に東南アジア諸国連合（ＡＳＥＡＮ）の取り組みが明記されました。

日本共産党の提案にＩＣＡＰＰ議長が謝辞

――宣言全体に日本共産党の提案がかなり反映されていますね。

その通りです。とくに、「ブロック政治を回避し、競争より協力を重視する」という基本姿勢が明記されたことはとても重要です。

さきの参院選で〝軍事対軍事のブロック対決がエスカレートすることが一番危ない。東アジアのすべての国が参加する包摂的な平和の枠組みを発展させよう〟と、私たち日本共産党は懸命に訴えました。その中心点が、アジアのすべての政党が参加する国際会議の宣言のなかに盛り込まれたわけで、とても感慨深いことです。

採択後、私は、議長団の席に行って、ＩＣＡＰＰの鄭義溶《チョン・ウィヨン》議長（前韓国外相）に「良い宣言が採択されて喜んでいます。日本共産党の提案が反映されていることに感謝します。とくに宣言が、『ブロック政治を回避し、競争よりも協力を重視する』と明記したことは、あれこれの国を排除するのでなく、包摂的な平和の枠組みの重要性をのべたものとして歓迎します」とあいさつしました。鄭議長は「宣言の定式化への提案など、日本共産党の貢献に感謝します」と応じました（**本書25ページ参照**）。たいへんに心強い評価でした。

「インクルーシブ　イエス」起草委員長と意気投合

総会が終了したあと、参加者みんなが参加したボスポラス海峡のクルーズでの懇談・食事の機会に、先ほど紹介した宣言起草委員長のサイードさんと宣言に盛り込まれた「ブロック政治の回避」の意味について話し合いました。「宣言でのべている『ブロック政治』は具体的に何をイメージしたのですか」と私が尋ねると、彼は、「クアッド（ＱＵＡＤ）やオーカス（ＡＵＫＵＳ）が念頭にありました」と答えました。

ＱＵＡＤは、日本、米国、インド、オーストラリア４カ国で

イスタンブールで開催されたICAPP第11回総会の全体会合＝2022年11月18日（鎌塚由美撮影）

つくっている枠組みで、事実上の中国包囲網です。私たちはQUADについては〝エクスクルーシブ（排他的）な枠組みとして、新たな冷戦構造をつくる危険がある〟ととらえ、批判的なコメントを出してきました。ただし4カ国のなかでもインドは、この枠組みを排他的な枠組みではないと説明しており、温度差もあります。

AUKUSは危険な動きで、米国とイギリスとオーストラリアの3カ国による軍事ブロックです。ドイツやフランスなどもこの動きに参加し、東アジアで軍事演習などを行ったりしています。まさに軍事的な「ブロック政治」そのものです。

サイードさんは「QUADやAUKUSはブロック対ブロックの対抗になり危ないと思います」と説明しました。私は「その通りです。包摂的（インクルーシブ）な対応が必要で、排他的（エクスクルーシブ）な対応は良くない」と返しましたら、彼は「その通り」だと。私たちは、「インクルーシブ　イエス！」「エクスクルーシブ　ノー！」と言って（笑い）、互いに意気投合しました。

アジアで起こっている平和への世界史的変動

――こうした画期的な内容が宣言に入った根底にあるのは何でしょうか。

「ブロック政治を回避し、競争より協力を重視する」という基本姿勢がなぜ宣言に入ったのか。わが党の提案も一つの貢献になったと思いますが、そこには客観的な理由もあると思うんです。

アジアはヨーロッパと大きな違いがあります。ヨーロッパは今、NATO（北大西洋条約機構）が広がり、そのほぼ全域がNATO化し、軍事同盟に覆われつつあります。

それに対して、アジアは、日米、米韓、米豪の軍事同盟が存在していますが、この三つの例外的な事例を除いて、アジアには軍事同盟が基本的に存在していないのです。岸田首相はよくヨーロッパの状況をひいて〝ウクライナは明日の東アジアかもしれない〟という言説を振りまいていますが、両者の安全保障環境には大きな違いがあります。

たしかにアジアでも、北朝鮮の核・ミサイル開発、中国の覇権主義、そして米国の覇権主義など、さまざまな紛争や緊張の火種があります。しかしアジア大陸を、20世紀から21世紀という長期のスパンで巨視的、大局的にみれば、「敵対と分断」から「平和と協力」という大きな世界史的な変動が起こっていることは間違いありません。とくに私たちは、ＡＳＥＡＮの存在と活動は、その象徴だと考えています。今回の宣言は、そうした状況を反映したものだといえるのではないでしょうか。

もう一点付け加えるとすれば、ＩＣＡＰＰという組織自体がインクルーシブ（包摂的）な組織だということです。どの国も、どの政党も排除することなく、すべての国の政党を迎え入れる包摂的な組織がアジアに存在し活動をしている。そういう組織ならではの歴史的意義を持つ宣言がつくられたのではないかと思います。

総会が終わった後のクルーズ上の懇談の場で、ＩＣＡＰＰの鄭議長に「宣言はＩＣＡＰＰの歴史にとって大事な一里塚をつくりました。さらに発展させるために力をつくしたい」とあいさつし、互いにハグしました。鄭議長も宣言の歴史的な意義を重視していたと感じました。

総会前日の昼食会で中心メンバーと交流

――歴史的意義を持つイスタンブール宣言が出されることになった努力、プロセスについてうかがえますか。

さきほど紹介した三つの文書（発言）に加えて、実は、会議の初日の議事が始まる前（17日）に、鄭議長から私に昼食会の招待があり、参加する機会がありました。

昼食会は、少人数の10人余りの会合でした。参加者は、鄭さんやサイードさん、主催政党でトルコ与党の公正発展党幹部、ＩＣＡＰＰ常設委員会のメンバーとなっているタイ、カンボジア、インドネシア、スリランカなど、ＩＣＡＰＰの中心メンバーです。

招待されて行ってみたら、日本共産党と私のＩＣＡＰＰとのかかわりを詳しく紹介してくれるのです。まず鄭議長が、「志位委員長は、ＩＣＡＰＰに長年の貢献をしてきました。タイムリー、コレクト（正確）な提起をしており、これまでの総会への貢献は重要です。日本では、日本共産党は与党ではありませんが、草の根で存在感のある党です」と紹介してくれました。サイードさんは「日本共産党は『赤旗』という新聞をもっている。レッドフラッグという意味だ」と紹介し、鄭議長が「私も『赤旗』の記事に掲載されたことがある」と、話題がはずみました。

私が、「日本共産党は、どんな国であれ覇権主義に反対しています。同時に、特定の国を排除するのではなく、包摂的な平和の枠組みをつくっていくことが大切です」と話したら、ある方が「日本と中国の政府間の関係は良いと言えませんが、日本共産党と中国共産党との関係はどうなっていますか」と聞いてきました。

私は、「両党には論争問題があります。中国による東シナ海と南シナ海でのふるまいには厳しい批判をしています。同時に、そのことで国際的な枠組みから中国を排除することには反対です。とくに軍事的対抗の強化には反対です。中国も含む包摂的な枠組みが必要です。この点でＡＳＥＡＮは、東アジア全体で包摂的な平和の枠組みをつくることを提起しており重要です」という話をしました。翌日、総会で行う予定だったスピーチの内容を話したのです。

それに対して、参加者から、「たいへんリーズナブルな（道理のある）提案だ」という反応がありました。スピーチの中心点を事前に話す機会があったことは、とてもよかったと思います。私たちの提案の意味や背景を深くつかんでいただけたのではないかと思っています。

私自身は16年前の06年のソウルの総会から出席していて、今回6回目になります。継続して出席して信頼関係を積み重ねてきました。出席するだけではなく、日本共産党として、どうすればＩＣＡＰＰ総会が実のある成果をあげ成功するか、一回一回の会合で知恵を絞って提案もしてきました。そういう積み重ねに対して信頼が寄せられていることを感じたところです。

日本から参加した唯一の政党として

――今回の会議に日本からはどの政党が参加しましたか。ロシアの政党や地元トルコの政党の反応を教えてください。

日本からの参加は日本共産党だけでした。これは残念なことです。ＩＣＡＰＰの常設委員会からは、ぜひ日本から他の党も参加してほしいとの率直な声も出されました。ただ日本共産党が参加したので、イスタンブール宣言の参加国リストにはちゃんと「ジャパン」という国名が入っています。日本共産党は日本代表ということになりました。

日本は、アジアで中国に次ぐ経済規模を持っている国です。そうした国の政党が、こういう重要な国際会議に出ない。とくに政権党である自民党が出ないのは、たいへんに残念な現状だと思います。

総会での討論で、私の発言の次はプーチン大統領の政党――統一ロシアでした。私が、国連総会決議を引用して、ロシアによる併合決定の撤回、ロシア軍の即時・完全・無条件撤退を求めたのに対して、統一ロシアの代表は、自分たちがやっていることについて「メディアがゆがめて伝えている。それを信じないでほしい」というもので、正面からの議論はありませんでした。

主催政党のトルコの公正発展党（ＡＫＰ）とは、国際部副委員長と懇談の機会がありました。トルコはＮＡＴＯ加盟国で、米国の核兵器も配備されています。そういう状況のなかでも、外交を独自に重視している姿勢を感じ、日本にない特徴だと思いました。

私が、「わが党は、ロシアの侵略に対して強い批判を持っていますが、ロシアを国際社会から排除することには反対です。ロシアを包摂する枠組みをつくっていく必要があります」と述べると、副委員長が「トルコのことわざに〝友人とは近く、敵とはもっと近く〟というのがある」と語っていたことは、たいへんに印象的でした。

戦争の心配ないアジアつくる――提案し行動する日本共産党

――岸田政権は、イスタンブール宣言とは反対の軍事対軍事に熱中しています。

そうですね。岸田政権がやっていることは、イスタンブール宣言でいえば、まさに「ブロック政治」の一番悪いものです。米国言いなりに、あれこれの国を排除し、軍事力の増強で対抗していこうというものです。

この政権は、「外交の重視」を言葉では言いますが、外交戦略と呼べるものは何も持っていない。その一番のあらわれが、ＩＣＡＰＰに自民党の代表がいないということです。これは外交不在の象徴のように思います。

21世紀のアジアでは、古い軍事ブロック的思考で地域に分断を持ち込み、軍事対軍事の一辺倒でやっていく、こうした姿勢は危険なだけでなくもはや通用しません。そのことをＩＣＡＰＰ総会に参加してあらためて痛感しました。

こうしたもとで、私たち日本共産党は、いかにして戦争の心配のないアジアをつくるかについて、提案もし、行動もしている。このことを内外に広く伝えて、日本から平和の流れを起こしていきたいと決意しているところです。

（「しんぶん赤旗」日曜版２０２２年11月27日号）

総会宣言案への日本共産党代表団の提案

アジア政党国際会議（ＩＣＡＰＰ）第11回総会の「総会宣言」についての日本共産党代表団の提案は次の通りです。

総会宣言でとりあげ、反映していただきたいと考える点を提案します。

１、ウクライナの事態を深く憂慮し、総会は、国連憲章の諸原則に従い、国際的に認められたウクライナ国境内でのウクライナの主権と領土保全を尊重しつつ、政治的対話、交渉、調停およびその他の平和的手段による平和的解決をはかることを要請する。

２、総会は、アジアで戦争を決して起こしてはならず、国連憲章および国際法の諸原則に従い、紛争を平和的・政治的に解決する決意を表明する。東南アジア諸国連合（ＡＳＥＡＮ）が２０１９年の首脳会議で採択した「ＡＳＥＡＮインド太平洋構想（ＡＯＩＰ）」を支持する。東アジアサミット（ＥＡＳ）を、地域のすべての国を包摂する平和の枠組みとして強化し、ゆくゆくは東アジア規模の友好協力条約を展望することが、戦争の心配のないアジアをきずく道である。

３、総会は、核兵器の使用がもたらす壊滅的な人道的結末への深い懸念をもち、核兵器の使用は絶対に回避されるべきであると訴える。総会は、核兵器禁止条約の発効とその第１回締約国会議の開催を歓迎し、これまでのＩＣＡＰＰ総会で繰り返し確認されてきた「核兵器のない世界」の実現に向けて、いっそうの努力と決意を表明する。

（「しんぶん赤旗」２０２２年11月19日付）

２０２２年11月18日にトルコのイスタンブールで開会したアジア政党国際会議（ＩＣＡＰＰ）第11回総会で、日本共産党の志位委員長は第1セッションの2番目に英語で次のスピーチを行いました。

戦争の心配のないアジア、核兵器のない世界をめざして

アジア政党国際会議　志位委員長の発言

尊敬する議長、親愛な友人のみなさん。

総会開会を歓迎します。私は日本共産党を代表し、「戦争の心配のないアジア、核兵器のない世界をめざして」と題して発言いたします。

国連憲章の擁護、対話と交渉による平和的解決の声を

友人のみなさん。

今回の総会は、この美しい黒海の北で戦争が続く中で開かれています。10月12日に開催された国連総会の緊急特別会合は、ロシアによる併合決定の撤回、ロシア軍の即時・完全・無条件撤退を求める決議を、１４３カ国の圧倒的多数で採択しました。私はこの決議を心から歓迎するとともに、ロシア政府がこの決議に従うことを強く求めます。

国連総会決議が、戦争のエスカレートを抑えるために、対話と交渉など平和的手段による平和的解決を呼びかけたことは、きわめて重要です。

イスタンブールの地から、アジアの政党の総意として、国連憲章の擁護、対話と交渉による平和的解決の声を、国際社会に発信しようではありませんか。

ＡＳＥＡＮ――平和への希望ある流れ

友人のみなさん。

それでは、いかにして戦争の心配のないアジアをつくるか。

私たちの住むアジア大陸にも、さまざまな緊張や紛争の火種が存在しています。しかし、平和への希望ある流れも起こっています。ＡＳＥＡＮの取り組みです。

ＡＳＥＡＮは、紛争の平和解決を義務づけた東南アジア友好協力条約（ＴＡＣ）を土台に、徹底した対話の積み重ねによって、東南アジアを平和の共同体に変えました。そして、平和の流れをＡＳＥＡＮ域外にも広げてきました。

ＡＳＥＡＮインド太平洋構想（ＡＯＩＰ）――排他的枠組みでなく、包摂的な平和の枠組み

その最新の到達点として、私たちが注目しているのは、２０１９年のＡＳＥＡＮ首脳会議で採択された「ＡＳＥＡＮインド太平洋構想（ＡＯＩＰ）」です。この構想は、ＴＡＣを指針として、対抗でなく対話と協力を推進し、東アジアサミット（ＥＡＳ）を平和と協力の機構として強化し、ゆくゆくは東アジア規模の友好協力条約を展望しようという壮大な構想です。

私たちは、この構想に全面的に賛成するものです。私たちは、この構想の何よりもの重要な意義は、あれこれの国を排除して包囲するという排他的枠組みでなく、地域のすべての国を包み込む包摂的な平和の枠組みをつくるところにあると考えています。

友人のみなさんに訴えます。ＡＳＥＡＮと協力し、ＡＯＩＰを推進し、アジアを戦争の心配のない地域にしていくために、力をつくそうではありませんか。

核兵器禁止条約へのＩＣＡＰＰの貢献――「核兵器のない世界」をつくろう

友人のみなさん。

最後に訴えたいのは核兵器の問題です。これまでＩＣＡＰＰは、アスタナ、プノンペン、コロンボなど一連の総会で、「核兵器のない世界」の実現を世界に呼びかけてきました。

こうしたＩＣＡＰＰの努力が核兵器禁止条約の成立への一つの貢献になったことを、私は、参加された多くの友人とともに喜びたいと思います。

総会の総意として、核兵器禁止条約への歓迎と、「核兵器のない世界」に向けた決意を、世界に発信することを呼びかけて、発言とします。

ご清聴ありがとうございました。

（「しんぶん赤旗」２０２２年11月19日付）

志位委員長の発言（英文）

It has extended the peace trend beyond its region. As its latest achievement, we are focusing on the ASEAN Outlook on the Indo-Pacific (AOIP), which was adopted at the ASEAN Summit of 2019.

The AOIP is a grand vision that takes the TAC as its guiding principle, promotes dialogue and cooperation rather than confrontation, strengthens the East Asia Summit as an institution of peace and cooperation, and eventually lead to an East Asia-wide treaty of amity and cooperation.

We fully support this vision.
We believe that the most important aspect of this vision is to create an inclusive peace framework for all countries in the region, rather than a framework that excludes and encircles others.

I appeal to you, my friends, let us work together with the ASEAN to promote the AOIP and create an Asia without fear of war.

Dear friends,
Finally, I address the issue of nuclear weapons.
The ICAPP has called for a "world without nuclear weapons" in a series of General Assemblies such as in Astana, Phnom Penh, and Colombo.

I rejoice with my friends on those ICAPP's efforts which have contributed to the passage of the Treaty on the Prohibition of Nuclear Weapons.

I conclude my remarks by calling on the General Assembly to welcome this new treaty and to convey to the world our determination to achieve a "world without nuclear weapons."

Thank you very much for listening.

Mr. Chairman, dear friends,

Congratulations on the opening of this Assembly.

On behalf of the Japanese Communist Party, I will make a statement: "Towards an Asia without fear of war and a world without nuclear weapons."

Dear friends,
We come together here as the war is going on in the north of this beautiful Black Sea. The United Nations General Assembly on October 12th passed a resolution calling for the reversal of the Russian annexation and the immediate, complete, and unconditional withdrawal of Russian troops, which was adopted by an overwhelming majority of 143 countries.

I sincerely welcome this resolution and urge the Russian government to comply with it. It is extremely important that the UN resolution calls for a peaceful solution, including by dialogue and negotiations, in order to limit the escalation of the war.

From here Istanbul, as a consensus of Asian political parties, let us send a message to the international community that we will defend the UN Charter and call for a peaceful solution through dialogue and negotiations.

Dear friends,
How can we create an Asia without fear of war?
The Asian continent has its own tensions and conflicts. But there is also a hopeful trend toward peace, and that is the initiative of the ASEAN. The ASEAN has transformed Southeast Asia into a community of peace through a series of intensive dialogues based on the Treaty of Amity and Cooperation (TAC), which mandates the peaceful resolution of disputes.

日本共産党の志位和夫委員長は２０２２年11月18日、アジア政党国際会議（ＩＣＡＰＰ）第11回総会で「戦争の心配のないアジア、核兵器のない世界をめざして」と題し発言しました。ＩＣＡＰＰ事務局に提出した公式の文書発言は次の通りです。太字部分は、総会宣言案への提案部分です。

戦争の心配のないアジア、核兵器のない世界をめざして

アジア政党国際会議第11回総会への公式文書発言

日本共産党幹部会委員長　**志位和夫**

尊敬する議長、親愛な友人のみなさん。

私は、日本共産党を代表して、第11回アジア政党国際会議（ＩＣＡＰＰ）の開催を祝福するとともに、アジアの全域から参加された友人のみなさんに、心からのあいさつを送ります。

今回の総会のメインテーマ――「世界の平和、繁栄、協力をめざす対話の強化に向けた政党の役割」を歓迎し、「戦争の心配のないアジア、核兵器のない世界をめざして」と題して発言いたします。

ウクライナ問題――国連憲章の擁護、対話と交渉による平和的解決の声を発信しよう

友人のみなさん。

今回の総会は、この美しい黒海の北で大規模な戦争が続くなかで開かれています。ロシアが今年2月に始めたウクライナへの攻撃は、武力行使を禁じた国連憲章に違反した明白な侵略です。多数の民間人、原発を含む発電所、病院など社会インフラへの無差別の攻撃は、国際人道法に反する戦争犯罪です。一部

のウクライナ領土の一方的なロシアへの併合は、国連憲章と国際法に反するものであり無効です。人類を人質にとった核兵器の先制使用の威嚇《いかく》は、国連憲章および核兵器禁止条約に反し、世界を破滅に導きかねない危険な動きであり、広島・長崎の惨《さん》禍《か》を身をもって体験した被爆国の政党として、絶対に容認することはできません。

10月12日に開催された国連総会の緊急特別会合は、ロシアによる併合決定の撤回、ロシア軍の即時・完全・無条件撤退を求める決議を、加盟国の約4分の3にあたる１４３カ国の圧倒的な賛成多数で採択しました。私は、この決議を心から歓迎するとともに、ロシア政府がこの決議に従うことを強く求めます。

国連総会決議が、戦争のエスカレートと犠牲者の拡大を抑え、人道危機を打開するために、ウクライナの主権と領土保全を尊重しつつ、対話と交渉など平和的手段による平和的解決を呼びかけたことは、きわめて重要です。

ＩＣＡＰＰは過去の総会宣言において、国連憲章と国際法の順守にもとづくアジアと世界の平和構築の重要性を繰り返し確認してきました。今回の総会のメインテーマも、世界平和をめざす「対話の強化に向けた政党の役割」とされています。そこで私は、国連総会決議をふまえ、総会宣言に次の内容を盛り込むことを提案するものです。

「ウクライナの事態を深く憂慮し、総会は、国連憲章の諸原則に従い、国際的に認められたウクライナ国境内でのウクライナの主権と領土保全を尊重しつつ、政治的対話、交渉、調停およびその他の平和的手段による平和的解決をはかることを要請する」

イスタンブールの地から、アジアの政党の総意として、国連憲章の擁護、対話と交渉による平和的解決の声を、国際社会に発信しようではありませんか。

戦争の心配のないアジアへ――地域のすべての国を包摂する平和の枠組みの発展を

友人のみなさん。

それでは、いかにして戦争の心配のないアジアをつくるか。

私たちの住むアジア大陸にも、さまざまな緊張や紛争の火種が存在しています。しかし、大局で見るならば、この大陸には、20世紀から21世紀にかけて、「分断と敵対」から「平和と協力」への歴史的転換の流れが起こっています。そうした歴史的転換を最も進んだ形で劇的に体現しているのが、東南アジアの国ぐにの取り組みです。

私たちはこの間、東南アジアの国ぐにを繰り返し訪問し、また、ＩＣＡＰＰ総会に参加したおりに、東南アジアの諸政党と交流し、この地域に平和の激流ともいうべき大きな変化が起こっていることを目の当たりにして、目をみはる思いでした。

ＡＳＥＡＮ（東南アジア諸国連合）は、国連憲章の原則にもとづき武力行使の放棄と紛争の平和解決を義務づけた東南アジア友好協力条約（ＴＡＣ）を土台に、徹底した対話によって信頼醸成をはかり、友好と協力を推進し、紛争を解決していくという半世紀の歴史の積み重ねによって、ベトナム戦争のときには、「分断と敵対」が支配していたこの地域を、「平和と協力」の地域に生まれ変わらせました。

私たちが、強い期待を寄せているのは、ASEANが、東南アジアの域内を平和の地域にしただけではなく、平和の流れをASEAN域外にも広げ、世界平和の一大源泉として大きな役割を発揮しているということです。

その最新の到達点として、私たちが注目しているのは、2019年のASEAN首脳会議で採択された「ASEANインド太平洋構想（AOIP）」です。この構想は、東南アジア友好協力条約（TAC）の「目的と原則を指針」として、「対抗でなく対話と協力」を推進し、東アジアサミット（EAS）を東アジアの平和と協力の機構として強化し、ゆくゆくは東アジア規模の友好協力条約を展望しようという壮大な構想です。

私たちは、この構想に全面的に賛同するものです。

そして、私たちは、この構想の何よりもの重要な意義は、あれこれの国を排除して包囲するという排他的枠組みでなく、地域のすべての国を包み込む包摂的な平和の枠組みをつくるというところにあると考えています。

現実に、東アジアサミット（EAS）には、ASEAN10カ国にくわえて8カ国――日本、米国、中国、ロシア、韓国、オーストラリア、ニュージーランド、インドが参加しています。そして、これらのASEANのパートナー諸国をはじめ、国際社会の幅広い国ぐにが、AOIPへの支持を表明していることは重要です。

以上をふまえて、私は、総会宣言に次の内容を盛り込むことを提案するものです。

「総会は、アジアで戦争を決して起こしてはならず、国連憲章および国際法の諸原則に従い、紛争を平和的・政治的に解決する決意を表明する。東南アジア諸国連合（ASEAN）が2019年の首脳会議で採択した『ASEANインド太平洋構想（AOIP）』を支持する。東アジアサミット（EAS）を、地域のすべての国を包摂する平和の枠組みとして強化し、ゆくゆくは東アジア規模の友好協力条約を展望することが、戦争の心配のないアジアをきずく道である」

「排除の論理」に立ち、軍事に軍事で対抗するという悪循環に陥ってはなりません。「包摂の論理」に立ち、国連憲章と国際法の諸原則に従い、紛争を平和的・政治的に解決していく努力を積み重ね、地域のすべての国を包み込む平和の枠組みを発展させる――私は、ここにこそ戦争の心配のないアジアをつくる大道があると確信するものです。

核兵器禁止条約を歓迎し、「核兵器のない世界」への努力と決意を世界に発信しよう

友人のみなさん。

最後に、私は、アジアと世界の平和、人類の生存にとって重

大な脅威となっている核兵器の問題について述べたいと思います。

いま世界の国ぐにと人びとは、核兵器使用の現実的脅威が高まっていることを深く懸念しています。私は、核兵器の使用がもたらす壊滅的な人道的結末への強い懸念を共有し、本総会の総意として、核兵器の使用は絶対に許さないとの意思を、世界に発信することを強く呼びかけるものです。

核兵器の使用を防ぐ唯一の保障は核兵器廃絶です。ＩＣＡＰＰは、これまで、「核兵器のない世界」の実現を、繰り返し呼びかけてきました。09年の「アスタナ宣言」は、「あらゆる地域で核兵器のない世界を目標にすべきだ」と世界に呼びかけました。10年の「プノンペン宣言」は、「核兵器禁止条約（ＮＷＣ）の交渉を支持する」ことを明記しました。14年の「コロンボ宣言」は、さらに進んで、「核兵器禁止条約の速やかな交渉開始を求める」と明記しました。

こうしたＩＣＡＰＰの努力が、17年7月の核兵器禁止条約の成立、21年1月の核兵器禁止条約の発効への一つの貢献となったことを、私は、参加された多くの友人たちとともに、喜びたいと思います。

そして、総会宣言に、次の内容が盛り込まれることを提案するものです。

「総会は、核兵器の使用がもたらす壊滅的な人道的結末への深い懸念をもち、核兵器の使用は絶対に回避されるべきであると訴える。総会は、核兵器禁止条約の発効とその第1回締約国会議の開催を歓迎し、これまでのＩＣＡＰＰ総会で繰り返し確認されてきた『核兵器のない世界』の実現に向けて、いっそうの努力と決意を表明する」

イスタンブールの地から、アジアの政党の総意として、「核兵器のない世界」を実現する力強いメッセージを、世界に発信しようではありませんか。

（「しんぶん赤旗」２０２２年11月20日付）

コンセンサスを重視し、ともに解決を見いだす

志位委員長、総会宣言案への党提案で

【イスタンブール＝鎌塚由美】アジア政党国際会議第11回総会に出席している日本共産党の志位和夫委員長は18日、同総会での発言後、当地駐在の日本メディアの取材に応じました。総会宣言案への提案について、日本共産党代表団は事前に事務局あてに提出していますが、その趣旨を説明しました。

志位氏は、今回の日本共産党の提案は「コンセンサス（全会一致）で宣言案が採択されるというＩＣＡＰＰ総会の性格を考えたものにした」と述べ、さらに、「同総会が対立や紛争を激化させず、ともに解決方法を見いだしていく場」であることをふまえたものにしたと語りました。

ロシアのウクライナ侵略に対して、宣言案としては、10月12日の国連総会決議の第7項に則して、ウクライナの主権と領土保全の尊重を前提としつつ、政治的対話による平和的解決を求めるものにしたと述べました。

志位氏は、先の東南アジア諸国連合（ＡＳＥＡＮ）首脳会議でも「主流化する」ことが確認された「ＡＳＥＡＮインド太平洋構想（ＡＯＩＰ）」の特徴は、特定の国を排除するのでなく、地域のすべての国を包摂する平和の枠組みをめざしていることにあると述べ、「同構想の支持・推進は、東アジアサミット（ＥＡＳ）に参加するすべての国が賛成しており、こうした方向は、当然、一致点になりうると考えている」と強調しました。

核兵器問題は、これまでのＩＣＡＰＰ総会でも、アスタナ、プノンペン、コロンボなどの一連の総会で「核兵器のない世界」「核兵器禁止条約の交渉を求める」などが採択されており、それをふまえた提案を行ったと語りました。

（「しんぶん赤旗」２０２２年11月19日付）

党の提案が反映された

志位委員長が歓迎

志位委員長は、宣言採択後、ＩＣＡＰＰ議長の鄭義溶《チョン・ウィヨン》氏にあいさつしました。「良い宣言が採択されて喜んでいます。日本共産党の提案が反映されていることに感謝します」とのべました。

とくに宣言が、「ブロック政治を回避することの重要性を強調し、競争よりも協力を強調した」と明記していることに対して、「あれこれの国を排除するのでなく、包摂的な平和の枠組みの重要性をのべたものとして歓迎します」と語りました。

鄭議長は、「宣言の定式化への提案など、日本共産党の貢献に感謝します」と応じました。

（「しんぶん赤旗」２０２２年11月20日付）

トルコ・イスタンブールで開催された第11回アジア政党国際会議（ＩＣＡＰＰ）総会が採択した「イスタンブール宣言」は以下の通り。ＩＣＡＰＰ事務局ウェブサイトからの仮訳（原文は英語）。

ICAPP第11回総会

イスタンブール宣言（仮訳）

２０２２年11月19日

1．私たち、アフガニスタン、アゼルバイジャン、バングラデシュ、カンボジア、中国、キプロス、ジョージア、インド、インドネシア、イラン、イラク、日本、韓国、ラオス、レバノン、モルディブ、モンゴル、ミャンマー、ネパール、パキスタン、ロシア、シンガポール、スリランカ、タジキスタン、タイ、トルコ、トルクメニスタン、ウズベキスタン、ベトナム、イエメン、パレスチナからの指導者と代表者は、アジア政党国際会議（ＩＣＡＰＰ）の第11回総会のため、ここトルコ共和国のイスタンブールに集った。総会は、２０２２年11月17日から20日まで、トルコの公正発展党の主催で、「世界の平和、繁栄、協力のための対話強化における政党の役割」というテーマで開催された。

2．まず、私たちはＩＣＡＰＰ憲章にうたわれている原則、すなわち、領土保全と主権の相互尊重、相互不可侵、相互内政不干渉、平等と互恵、平和共存を堅持することを再確認した。また、２０００年のマニラ、２００２年のバンコク、２００４年の北京、２００６年のソウル、２００９年のアスタナ、２０１０年のプノンペン、２０１２年のバクー、２０１４年のコロンボ、２０１６年のクアラルンプール、２０１８年のモスクワで開催した過去のＩＣＡＰＰ総会で採択した宣言を遵守することを再確認した。

3．私たちは、政党が民主主義の中核的なものであり、民主主義的価値を推進する原動力であることを再確認した。政党は、異なる色合い、階級、背景を持つ人々を共通のプラットフォームで代表するため、まさにどの国でも社会的結束と意識向上のための重要な要素となっている。したがって、政党の強化は、より良い明日のために共通のビジョンで結ばれた、より強く頑丈な社会を意味する。この点で、私たちは、政党がオープンでアクセスしやすく、包摂的で、効率的で、代表する人々とつながり、呼応し、社会の腐敗と不正に対して警戒し続けることが不可欠であることを強調した。また、私たちは、政党が、地域社会、移民、女性、若者などすべての人々の権利と声を、政策決定の過程において考慮すべきであることを強調した。

4．私たちは、ＩＣＡＰＰが、平和、友好、調和、共栄の「アジア共同体の構築」をビジョンに掲げ、多様性の中でのアジアの結束を最大限に引き出すために、イデオロギーの違いを超えて地域のすべての政党に開かれた確固たるプラットフォームと独自のフォーラムになっていることに大きな満足をもって留意した。特に、政党の役割の拡大を通じて、各国間の協力を強化するため、アジア共同体というビジョンを、共通の利益、運命、責任のための究極の目標として再認識した。

5．また、ＩＣＡＰＰがアジア、ラテンアメリカ、アフリカ、ヨーロッパ、北米の政治団体を結ぶコミュニケーションの架け橋となっていることに留意した。私たちは、このような努力を続け、他の地域の政党との協力を促進し、対話と交流の拡大を通じて地球レベルでの平和と安定の実現に貢献することをあらためて誓った。特に、私たちは、ラテンアメリカ・カリブ海諸国政党常設会議（ＣＯＰＰＰＡＬ）、アフリカ政党評議会（ＣＡＰＰ）、ヨーロッパの主要な政治団体などの地域政治パートナーとの協力を強化することで合意した。

平和、安全、安定

6．私たちは、アジアと世界が歴史の転換点にあることを認識した。「アジアの世紀」が語られる中ではあるが、地域と世界の平和と安定に深刻な危険をもたらす紛争の暗雲が立ち込めている。私たちは、共通の課題には集団的な対応が必要であるから、ブロック政治を回避することの重要性を強調し、競争よりも協力を強調した。また、21世紀の課題に対応するためには、紛争解決への唯一の道としての国際法に基づく対話と交渉による、平和的共存、協力、経済的・文化的なつながりへの揺るぎないコミットメントに基づく有益な環境が必要であることを強調した。

7．特に、私たちは、私たちの地域及び世界各地で長引く紛争及び新たに燃え上がりつつある紛争に深い懸念を表明し、また、世界のいくつかの地域における現在の領土問題は、各国間の相互依存及び相互連結がますます高まっていることから、国際社会のすべての構成員にとって安全保障全体に対する深刻な潜在的脅威となることを指摘した。この観点から、私たちは、ウクライナで進行中の軍事紛争、特にその膨大な人道的破局の可能性のある軍事紛争に重大な懸念を抱いている。私たちは、あらゆる形態の暴力に反対することを明確にし、地域的・世界的な紛争地点にあるすべての当事者に対し、直ちに武器を捨て、国際法および国連憲章を守りながら、相違点を平和的に解決する外交努力を再開するよう促した。私たちは、トルコと国連の仲介による黒海穀物イニシアチブを称賛し、その実施を支持する。

8．私たちは、大量破壊兵器及びその運搬システムの拡散は、地域及び世界の平和と安全に対する脅威であることを強調した。私たちは、本年8月に開催された第10回

NPT再検討会議において、締約国が成果文書を採択できなかったことを懸念し、特に、ここ数カ月の核に関する言動の激化を懸念している。アントニオ・グテーレス国連事務総長が同再検討会議で正しく指摘したように、人類は「たった一つの誤解、誤算で、核によって絶滅する手前にいる」のである。

9．私たちは、私たちの地域が、あらゆる形態のテロリズム、人身売買、環境災害、人道的大災害、サイバー技術や人工知能のような新しく出現した技術が悪意のある目的に悪用されることによる課題といった重大な安全保障上の脅威に直面していることを、懸念をもって留意した。特に、サイバーセキュリティは、グローバルな通信、経済協力、貿易に不可欠な要素であり、国家間およびグローバルな協力に深刻な障害をもたらすと認識した。

10．私たちは、現代では、地政学的な紛争だけでなく、気候変動や公衆衛生上の緊急事態など、さまざまな形で危機が訪れていることを認識した。エネルギーや食料の価格高騰、グローバルなサプライチェーンの混乱は、世界の格差をさらに悪化させ、難民や移民の流出を増加させ、スタグフレーションの恐れを強めている。私たちは、この3年間の新型コロナ感染症のパンデミックの席巻を通じて、世界的な危機には世界的な対応が必要であることを学んだ。この点で、私たちは、ICAPPがこの地域の主要な政治的プラットフォームとして、共通かつ包括的な戦略を実現するため、より緊密で頻繁な連携と協力を通じて、この地域をより安全で安心できる場所にするために、より重要な役割を果たすべきであることを決意した。

11．この観点から、私たちは、地域のさまざまな種類の集団的な枠組みを強化するために、地域の政府や議会、他の地域の枠組みとも緊密に協力し、東南アジア諸国連合（ASEAN）、南アジア地域協力連合（SAARC）、上海協力機構（SCO）、アジア相互協力信頼醸成措置会議（CICA）、湾岸協力会議（GCC）、アジア太平洋経済協力会議（APEC）、大メコン圏（GMS）、ベンガル湾多分野技術経済協力イニシアチブ（BIMSTEC）、南アジア準地域経済協力（SASEC）、経済協力機構（ECO）、アジア国会議員連合（APU）〔原文：Asian Parliamentary Union（APU）〕、アジア議会（APA）、アジア太平洋議員フォーラム（APPF）、中央アジア地域経済協力（CAREC）などのあらゆる地域協力イニシアチブを結びつけることを自らに義務付けた。

グローバリゼーション、気候変動、パンデミック、貿易、持続可能な開発目標

12．私たちは、世界経済がグローバリゼーションに対する反動に見舞われていることについて懸念を持って留意した。グローバリゼーションは、説かれているように何億人もの人々に新たな機会を生み出すものではなく、むしろ富める国と貧しい国の間の格差を広げ、多くの国の中で不平等を増大させているという不満が高まっている。このようなグローバリゼーションに対するネガティブな認識は、新型コロナ感染症のパンデミックの際にも拡大した。この点に関

して、私たちは、グローバル市場の利益を集団的努力で補完するという課題に取り組む際、国々や人々が用いる制度、ルール、慣習をいかに強化し改革するかについて、創造的な思考が必要であることに同意した。

13. また、気候変動が人類に現実的かつ直接的な脅威を与えていることに留意した。超大型台風、山火事、熱波、洪水、干ばつ、地滑り、砂漠化、さらには海面上昇などの異常気象によって甚大な被害が発生しており、その頻度と強度は増している。最近パキスタンで発生した大規模な洪水は、気候変動が、犠牲者の過失によらず、人々の生命と暮らしに対する生きた地球規模の脅威であることを痛感させた。気候変動の影響を受ける人々の苦難を軽減するためには、気候金融と気候正義の問題が重要である。この点で、私たちは、２０２１年の国連気候変動会議（ＣＯＰ26）で採択された声明と12月に開催されたＩＣＡＰＰ気候変動特別ワークショップを再検討した。これらは、21世紀半ばまでに排出実質ゼロ目標を達成するため、この地域の政府や議会がより明確で野心的な政策枠組みのために大胆な行動を取るよう呼びかけたものである。

14. 私たちは、新型コロナ感染症のパンデミックによって、公衆衛生分野での地域的・世界的協力、特にワクチンと医薬品への公平かつ平等なアクセスに関する協力の緊急性が示されたことを認識した。私たちは、すべての国が安全でない限り、どの国も安全ではないという貴重な教訓を学び、将来の世界的な健康危機において、より耐性をもつために、ワクチンと医薬品の公平な分配を確保するための効果的な地域的・国際的ネットワークを構築する必要性を強調した。また、私たちは、連帯とパートナーシップに基づき、迅速かつ弾力的なパンデミック後の経済復興――特に最も大きな打撃を受けた観光と人の移動の分野の復興――のための国家及び地域戦略の立案と実施を支援する決意を再確認した。

15. このような背景の下、私たちは、世界経済の混乱にもかかわらず、公正で予測可能かつ安定的な貿易環境を確保するために、多国間貿易メカニズムを維持・強化すべきことを確認した。私たちは、保護主義を防止するための規範と慣行を支持する必要性を強調した。私たちは、地域経済統合が、地域の人々にとってより大きな平和と安定につながるとの確信で一致した。この流れの中で、私たちは、ＩＣＡＰＰの新たな関連組織としてＩＣＡＰＰビジネス協議会（ＩＢＣ）が発足することを歓迎した。私たちは、ＩＢＣが地域内および地域間の経済界のネットワークを構築・拡大することにより、地域統合の推進に貢献することを期待している。

16. また、私たちは、貧困を終わらせ、地球を守り、２０３０年までに世界のすべての人々が平和と繁栄を享受できるようにするための普遍的な行動要請として、国連の持続可能な開発目標（ＳＤＧｓ）を支持するという約束を新たにした。私たちは、すべての国が、最も遅れている人々のための進展を優先し、飢餓、エイズ、女性と女児に対する差別を終わらせることを約束したことを想起した。この点で、私たちは、あらゆる状況においてＳＤＧｓを達成するためには、社会全体からの創造性、ノウハウ、技術、財源が必要であることに同意した。

女性、若者、移民・難民

17. 私たちは、社会的に恵まれない人々のための社会的保護が、危機の時には平時よりもはるかに多く必要とされることを強調した。私たちは、意思決定や政策立案のプロセスに女性が有意義な形で参加し、ジェンダーの視点が含まれるように努めなければならない。私たちは、女性と女児の社会的、政治的、経済的生活への平等な参加を妨げている構造的な障壁を取り除くための取り組みを強化する必要がある。これに関連して、私たちは、２０２１年２月に開催された「コロナ禍とその後における女性のエンパワーメント」に関するＩＣＡＰＰ女性会合の特別ビデオ会議において、教育、雇用、経済的支援、社会的保護メカニズムへのアクセスの機会平等を通じて、女性の経済的安定を確保するため、ジェンダーに対応した政策およびプログラムを採用するよう参加政党に呼びかけたことを想起した。私たちはまた、戦争下の地域において女性と女児が直面している健康と安全に関する計り知れない苦難に深い懸念を持って留意した。

18. 私たちは、私たちの社会で若者が直面している問題への取り組みに若者の参加を拡大する必要性を認識した。私たちは、若者の教育および雇用へのアクセスの阻害などの課題に対処するための包摂的かつ効率的な政策の設計に貢献する多くの潜在力を有する若手政治家とのパートナーシップの重要性を強調した。これに関連して、私たちは、２０２１年２月に開催された「コロナ禍とその後における若者のための教育と社会的保護メカニズム」に関するＩＣＡＰＰ青年会合の特別会合の声明を想起し、パンデミックの若者に対する長期的かつ有害な影響を防ぐために、社会全体および世代間のアプローチを呼びかけた。

19. 私たちは、特に、難民だけでなく、通常の移民の流れに深刻な混乱を引き起こしたパンデミックの余波で、労働移民が直面している脆弱な状況に留意した。私たちは、移住に関する法律、政策および慣行の中核に人権保護を据え、強制避難民および移民にたいする援助と心理的支援を提供する必要性を確認した。私たちは、移住の根本原因をその出身国において解消することが、この現象に対する最善かつもっとも持続可能な解決策であることを認識した。私たちはまた、国際社会全体からの具体的な支援と公正な負担の分担を通じて、難民受け入れ国に対する圧力を緩和する必要性を認識した。私たちは、すべての移民の命を守り、移民の命が失われるのを防ぐための行動を取るという私たちの集団的責任を再確認し、これに関連して、陸上および海上における一部の国家による移民に対する非人道的な扱いに深い懸念を表明する。

国連との協力

20. 私たちは、世界の平和、繁栄及び協力のための対話を強化する努力において、国連及びその専門機関との緊密な協力関係を維持・強化することが極めて重要であることを再確認した。私たちは、国連女性機関、国連教育科学文化機関（ユネスコ）、国際労働機関（ＩＬＯ）、世界保健機関（ＷＨＯ）、その他の機関と緊密に連携し、ＳＤＧを含む国連のアジェンダ及びイニシアチブと私たちの活動を引き続き同期させていくことに合意した。この関連で、国連とのコミュニケーションと協力を促進するため、早期のＩＣＡＰＰの国連オブザーバー参加に向けた継続的な取り組みを確認した。

主催者への感謝

21. 最後に、私たちは、トルコの人々とトルコ政府の温かいもてなしに深い感謝を表明した。また、主催者である公正発展党（AK Parti）の素晴らしい手配により、第11回ＩＣＡＰＰ総会が成功裏に開催されたことにも感謝する。公正発展党の議長であり、トルコ共和国大統領であるレジェップ・タイップ・エルドアン氏に、この総会を成功に導いたイニシアチブおよび支援に対し感謝する。

２０２２年11月19日、トルコ共和国イスタンブールにおいて全会一致で採択。

—MEMO—